재미만만 한국사 6
신라의 막판 뒤집기

초판1쇄 발행 2020년 8월 24일 | 초판4쇄 발행 2021년 5월 7일
글 김해등 | 그림 신동민 | 감수 하일식
발행인 이재진 | 편집장 안경숙 | 기획 안경숙, 구름돌 | 편집 및 디자인 구름돌
디자인 포맷 구름돌, 민트플라츠 송지연 | 마케팅 이현은, 정지운, 김미정, 신희용 | 제작 신흥섭

펴낸곳 (주)웅진씽크빅 | 주소 경기도 파주시 회동길 20 (우)10881
문의 전화 031)956-7403(편집), 02)3670-1191, 031)956-7065, 7069(마케팅)
홈페이지 wjbooks.co.kr/WJBooks/Junior | 블로그 wj_junior.blog.me
페이스북 facebook.com/wjbook | 트위터 @wjbooks | 인스타그램 @woongjin_junior
출판신고 제406-2007-00046호 | 제조국 대한민국

글ⓒ김해등, 2020 | 그림ⓒ신동민, 2020
저작권자와 맺은 특약에 따라 검인을 생략합니다.

웅진주니어는 (주)웅진씽크빅의 유아·아동·청소년 도서 브랜드입니다.
이 책은 저작권법에 의해 한국 내에서 보호를 받는 저작물이므로 무단전재와 복제를 금하며,
이 책 내용의 전부 또는 일부를 이용하려면 반드시 저작권자와 (주)웅진씽크빅의 서면 동의를 받아야 합니다.

ISBN 978-89-01-24409-9 · 978-89-01-24403-7(세트)
* 이 도서의 국립중앙도서관 출판예정도서목록(CIP)은 서지정보유통지원시스템(http://seoji.nl.go.kr)과
국가자료종합목록시스템(http://www.nl.go.kr/kolisnet)에서 이용하실 수 있습니다. (CIP: 2020028117)

잘못 만들어진 책은 바꾸어 드립니다.
▲주의 1. 책 모서리가 날카로워 다칠 수 있으니 사람을 향해 던지거나 떨어뜨리지 마십시오. 2. 보관 시 직사광선이나 습기 찬 곳은 피해 주십시오.

 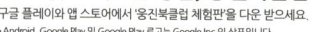  

신라의 막판 뒤집기

글 김해등 | 그림 신동민

웅진주니어

재미만만 한국사
신라
차례

1 6~29쪽
신라의 발전은 지금부터다

이름: 지증왕

특징: 나이가 들수록 힘이 넘침.

목표: 꼴찌 탈출

할아버지가 되어서야 왕이 되었지만, 마음만은 젊다. 신라의 꼴찌 탈출을 위해서라면 때로는 부드럽게, 때로는 단호하게!

2 30~57쪽
백성의 마음을 모아라

이름: 법흥왕

특기: 부처님 미소 짓기

목표: 강한 신라 만들기

백싱들의 마음을 얻기 위해 백성들의 소리에 귀를 기울이는 키다리 왕! 키가 큰 만큼 이루고 싶은 것도 크다.

3 한강을 차지해 국토를 넓혀라
58~79쪽

이름: 진흥왕
성격: 적극적
특기: 기회 엿보기

일곱 살에 왕이 되어 신라를 가장 크게 키운다. 가만히 기회를 엿보다 기회가 오면 사자처럼 달려드는 뛰어난 전술가!

4 삼국을 통일해서 우뚝 서라
80~105쪽

이름: 김유신
직업: 장수
특기: 싸워 이기기

열다섯 살 때 화랑이 되어 수많은 전쟁을 승리로 이끈다. 삼국을 통일하는 데 큰 공을 세운다. 신라를 위해서라면 뭐든지 할 수 있다.

1 신라의 발전은 지금부터다

사로국의 소지 마립간이 돌아가셨어.
사로국은 이 당시 '신라'를 부르는 이름이고,
마립간은 '왕'을 부르는 이름이야.
하여튼 마립간이 돌아가셨으니,
아들이 뒤를 이어 다음 마립간이 되어야 하잖아?
근데 돌아가신 소지 마립간에게는 아들이 없었어.
그래서 나, '김지대로'가 마립간 후보에 올랐지.
나는 소지 마립간의 육촌 동생이거든.
하지만 내 나이 예순넷!
마립간에 오르기엔 너무 늙었다고?
나이는 숫자에 불과하니 쓸데없는 걱정은 말라고.

이렇게 내가 지증 마립간이 되었어.
하지만 기쁨보다는 걱정이 앞서.
사로국은 이웃 나라 고구려나 백제보다 많이 뒤처졌거든.
왜냐? 사로국은 박·석·김의 세 집안이
돌아가면서 나라를 다스렸어.
그러니 힘을 한데 모아 강해질 수 있었겠냐고!
증조할아버지인 내물 마립간 때 와서야
겨우 김씨 집안이 쭉 나라를 다스리게 되었다니까!

나라 위치는 또 어떻고.
사방이 산으로 둘러싸여 있으니
꼭 산골에 갇힌 꼴이었지.
그러니 다른 나라보다
발전이 늦을 수밖에.
당연히 우리 사로국이
꼴찌였어, 꼴찌!

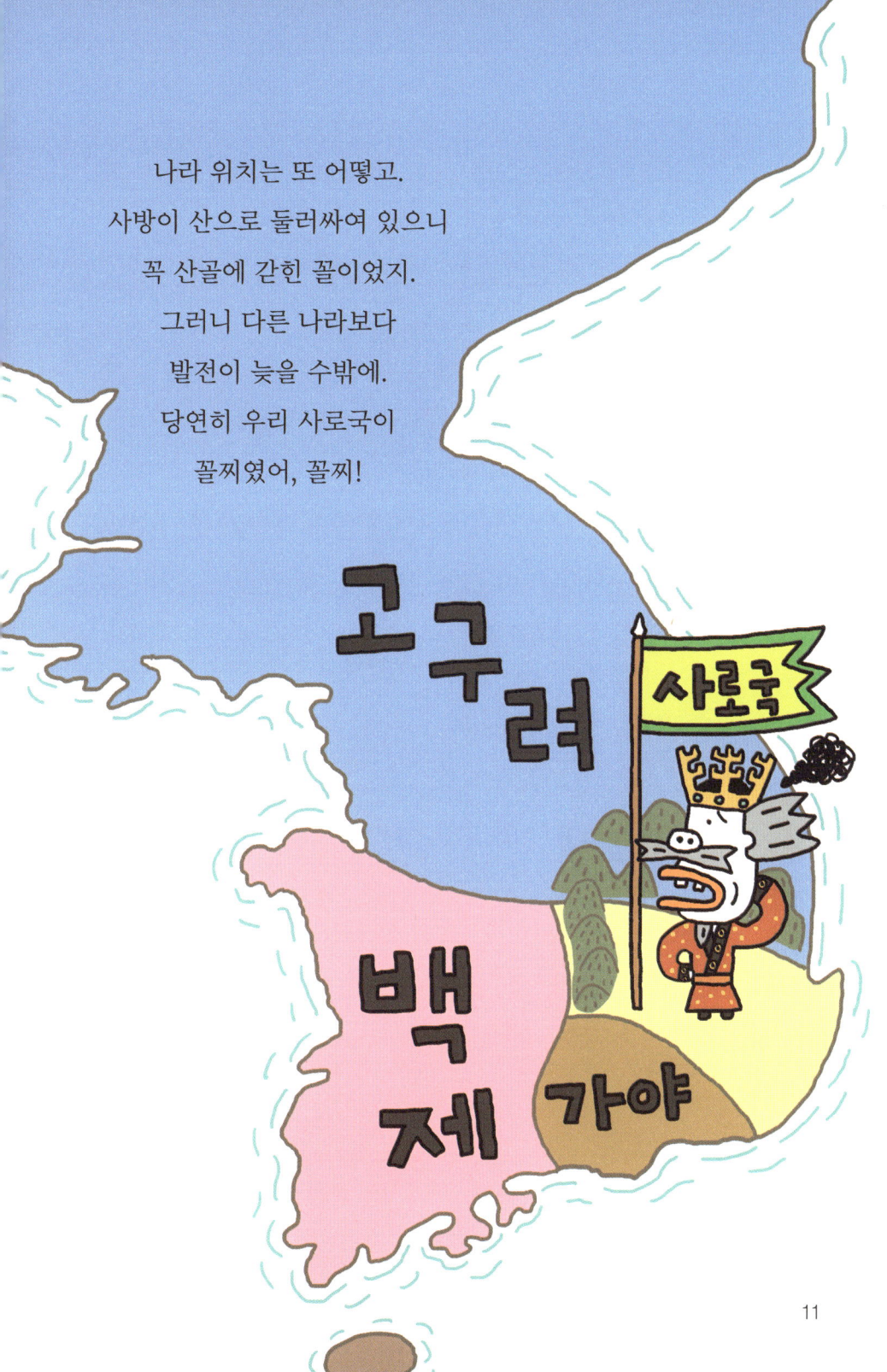

그래서 내 인생의 최대 목표는 꼴찌 탈출!
꼴찌 탈출 첫 번째 비법은 왕권 강화!
이웃 나라들은 강력한 하나의 '왕'만 존재해.
하지만 사로국은 여섯 지역으로 나누어져 있고,
각 지역을 '왕'이라 불리는 우두머리가 다스렸지.
그 여섯 왕 중에서 대표를 뽑아 '마립간'이라 불렀어.
그게 바로 나, 지증 마립간이야.
그런데 각 지역의 왕들은 내 말을 고분고분 듣지를 않고,
마치 자기가 마립간인 양 마음대로 백성을 다스렸어.
이러니 내게 힘이 모이겠냐고!
그래서 사로국 대표인 나만 왕이라는 호칭을 사용하기로 했지.
나를 지증 마립간이 아닌 '지증왕'이라 불러 줘!

내친김에 나라 이름도 하나로 정해 볼까?
여태까지 사로국은 여러 개의 이름으로 불리고 있었거든.
서라벌, 사라, 신라, 사로국!
각 지역의 우두머리들은 이미 나의 위엄에 굴복한 상태야.
그래선지 스스로 의견을 모아 날 찾아왔더라고.
"왕이시여, 나라 이름으로 '신라'가 좋을 것 같습니다."
"그렇게 정한 이유가 뭔가?"
"신라는 '왕의 덕이 날로 새로워지고,
사방의 땅을 아우른다.'는 뜻이옵니다."
"그대들의 뜻이 그렇다면 나라 이름을 신라로 정하겠소."
"오, 위대한 신라의 왕이시여!"
우두머리들은 내 앞에 납작 엎드려 인사를 했지.

슬슬 꼴찌 탈출 두 번째 비법을 풀어 볼까?
두 번째 비법은 백성들의 살림을 넉넉하게 하기!
백성들이 잘살아야 나라도 잘사는 법.
먼저 편리하게 농사짓는 방법을 널리 보급해야겠어.
"여봐라, 쇠 농기구와 힘센 소를 이용한 농사법을
많은 농부가 알 수 있도록 널리 알리거라!"
나무 농기구 대신 쇠 농기구를 사용하고,
사람 대신 힘센 소가 일을 척척 하니
힘도 훨씬 덜 들고 시간도 많이 절약되었지.
그리고 하나 더! 홍수나 가뭄에 대비하기 위해
둑을 쌓아 물을 가두는 저수지를 만들었어.
그 덕에 수확량은 몇 배나 늘어났고,
백성들은 덩실덩실 춤을 추며 좋아했지.

에헤야, 좋구나!

점점 농업이 발달하고, 덩달아 수공업도 발달하니
남아도는 물건이 생겨났어.

백성들은 남아도는 물건과 필요한 물건을 서로 교환했지.
그래서 내가 생각해 낸 것이 뭐냐?
신라 수도인 금성에 물건을 사고파는 시장을 만드는 것!

"여봐라, 금성 동쪽에 시장을 열도록 하라!
또 시장을 맡아 돌보는 관리도 두거라!"
관리는 시장 물건의 상태는 어떤지,
양을 속이지는 않는지 감독하고,
상인들에게 세금을 걷는 일을 했지.
시장은 얼마 안 돼 들썩들썩 난리가 났어.
으하하! 내가 좀 잘한 것 같지?

마지막 꼴찌 탈출 비법만 남았네.
바로 지방에 관리자 보내기!
백성을 잘 다스리기 위해 지방을 주와 군으로 나누었어.
그리고 그곳에 내가 직접 뽑은 지방관을 보냈지.
지방관은 주민과 토지를 파악해 보고하고, 세금도 걷었어.
이렇게 하니 지방 우두머리들의 힘은 점점 약해졌고,
내 힘은 점점 강해졌지.
그런데 그간 지역을 다스렸던 우두머리들이 불만을 터트렸어.

나는 또 각 지역 우두머리들의 힘을 약화하기 위해
군사를 통솔하는 권한도 내 손안에 넣기로 했어.
지금까진 각 지역의 우두머리들이 군사를 관리해서
군사가 필요할 때마다 부탁해야 했거든.
그래서 난 지방에 군사를 관리할 군사령관, 군주를 보냈어.
이젠 내 명령 한마디면,
군주가 군사들을 이끌고 내 앞에 달려올 수 있게 된 거야.

그러고는 그 뒤로 내가 뭘 했는지 알아?
너희들이 울릉도로 알고 있는 우산국을 정벌하기로 했지.
난 용맹하기로 소문난 이사부 장군을 불렀어.
이사부 장군은 강릉 지역의 군주였으니
누구보다 우산국을 잘 알고 있을 것 아니야.
"이사부 장군, 우산국까지 가는 뱃길이 험하다고 들었소."
"그렇습니다. 게다가 우산국 사람들은
억세고 용맹하기로 소문이 나 있습니다.
쉽지는 않을 것이옵니다."
"아무리 용맹하다 해도
장군이라면 충분히 정벌할 수 있을 것이오."
"소인만 믿으시옵소서."

이사부 장군은 군사들을 이끌고 우산국으로 배를 몰았어.
배에는 나무로 만든 커다란 가짜 사자가 실려 있었지.
우산국 군사들이 한 번도 보지 못했던 사자를 보면,
무서워서 항복할 거라며 이사부 장군이 꾀를 낸 거야.
이사부 장군은 뱃전에 우뚝 서서 우렁차게 외쳤어.
"항복하라! 신라에 항복하지 않으면 이 사나운 사자들을
풀어서 너희들을 모조리 없애 버리겠다!"
"으악! 저게 뭐야? 어휴, 무서워!"
"안 되겠다! 항복, 항복하겠소!"
눈 하나 깜짝 않던 우산국 군사들이 겁에 질려 항복했어.
마침내 우산국은 신라의 땅이 되었지.

이제 더 이상 신라를 꼴찌라고 말할 수 없을 거야.
다 나의 피나는 노력 덕분이지.
난 이참에 신라를 우뚝 세우고 싶었어.
아, 그런데 이 일을 어찌할꼬!
할 일은 산처럼 많은데 점점 힘이 드네.
내가 조금만 젊었다면…….
신라를 우뚝 세우는 일은 내 아들의 몫으로 넘겨야겠어.
아들이 내 뒤를 이어 내가 못 한 것을 이루어 줄 거야.
"아들아, 신라는 네 어깨에 달렸다!"

2 백성의 마음을 모아라

흑흑! 나의 아버지, 지증왕이 돌아가셨어.
백성들 걱정도 이만저만이 아냐.
"아이고! 겨우 살 만했는데 이를 어쩌나!"
　　"어쩌긴 뭘! 맏아들 키다리 왕자가 있잖아."
키다리 왕자?
그래! 바로 나, 법흥왕이야.
　키가 큰 만큼 이루고 싶은 것도 큰 왕!

나의 아버지, 지증왕이 늦은 나이에 왕에 오르다 보니
나는 옆에서 아버지를 도우며 자연스레 정치를 배웠어.
그러니 나, 법흥왕은 준비된 왕이라고 해도 틀리지 않아.
그런데도 백성들은 안심하지 못하는 모양이야.

백성들이 눈을 부릅뜨고 날 지켜보고 있네.
백성들이 나를 철석같이 믿고 따르게 하는 비법이 없을까?
그렇지! 먼저 외적의 침입을 막아야겠다.
또 우리끼리 싸우며 죽이는 반란도 막고.
그러려면 강력한 군대가 필요하겠지?
"당장 군사를 관리하는 병부를 설치하고, 군사력을 키워라!"
당연히 병부의 책임자는 가장 충성스러운 신하에게 맡겼지.
군사권을 내 아래 두어야 왕인 나의 힘도 강해질 거 아니야.
이제 어느 누구도 반란은 엄두를 못 내겠지.
외적이 쳐들어와도 코를 납작하게 해 줄 수 있어.

후유, 병부를 설치하고 국방이 튼튼하니 좀 안심이 되네.

지금부터 신라를 잘 다스리기만 하면 돼.

그런데 이게 뭐야?

한 백성이 울음을 터트리며 나를 찾아왔네.

나는 당장 각 지역의 우두머리들을 불렀어.

난 목소리를 높여 명령을 내렸어.

율령을 만들어 널리 알렸는데 뭔가 좀 아쉽단 말이야.
흠, 신분 제도를 고쳐 볼까?
지금은 왕과 귀족 관리들 간에 별 차이가 없어 보여서
왕인 내가 위엄이 서지 않는 듯해.
나는 왕족의 '골'이라는 신분과 귀족의 '두품'이라는 신분을
하나로 합쳐서 골품 제도를 만들었지.

그다음은 음……, 바로 그거야. 옷!
귀족 관리들의 등급에 따라 관복의 색깔을 달리하는 거야.
옷만 딱 보면 어떤 등급인지 딱 알 수 있잖아.
그래, 이제야 왕족과 귀족 신분의 계급이 한눈에 딱 들어오네!
호호, 차례대로 세워 보니 왕인 내가 가장 위에 있구나!
아! 귀족들이나 관리들, 나아가 백성들까지도
왕인 나에게 충성하며 우러러보겠지?

험험! 이쯤 하고 백성들의 반응 좀 살펴볼거나.

허허, 내 어깨가 저절로 올라가네그려.
그런데 그때 기분이 확 상하는 소리가 들리지 않겠어?

난 백성들의 소리에 화들짝 놀라 무릎을 쳤어.
신라가 하나가 되려면 백성들의 마음을 하나로 모아야 해.
"그래, 불교 전파야!"
신라도 백제와 고구려처럼 불교를 널리 퍼뜨려야지.
그래야 백성들이 부처님 앞에 하나로 모일 거 아니야.
그럼 결국, 나를 부처처럼 섬기며 하나로 모이겠지?
이런저런 상상을 하니 미소가 절로 지어져.
옆에 있던 신하가 기분 좋은 말까지 해 주네.
"부처님의 인자한 미소와 닮은 듯하옵니다."
"허허, 그게 정말이냐?"

난 불교 전파를 위해 귀족들과 관리들을 불러 모았어.

귀족들은 눈에 불을 켜고 반대한다며 달려들었어.
난 버럭 소리를 질러 귀족들을 쫓아 버렸지.

그런데 젊은 하급 관리가 머리를 조아리며 버티고 있는 거야.

"썩 물러가지 않고 왜 머뭇거리고 있는 거냐?"

"신, 이차돈이 목숨을 걸고 아뢰옵니다."

"머리가 복잡하구나. 썩 물러가거라!"

"제게 좋은 방법이 있으니 제발 한 번만 들어 봐 주십시오."

"그래? 이야기해 보거라. 들어나 보자꾸나."

"제 목숨을 내주고 부처님을 얻는 방법이옵니다."

"뭐, 뭐라?"

이차돈은 한 발짝도 물러서지 않았어.
난 눈물을 머금고 허락할 수밖에 없었지.

며칠 뒤 귀족들이 벌 떼처럼 몰려와
입에 거품을 물며 나에게 따졌어.
"이차돈이 하늘 신에게 제사를 지내는
신성한 곳에 절을 짓고 있습니다."
"왕의 명령을 받았다고 하는데
그것이 사실이옵니까?"

난 아픈 마음을 꾹 참고
시치미를 뚝 뗐어.
"나는 그런 명령을 내린 적이 없다!"
"죄인 이차돈을 당장 잡아들여
목을 쳐야 합니다!"
"여봐라, 이차돈을 당장 잡아들여라!
내가 직접 심문을 하겠노라!"

수많은 귀족이 눈을 부릅뜨고
이차돈을 심문하는 모습을 지켜봤어.
난 화를 불끈 내며 명령을 내렸어.
"감히 내 명령을 거짓되게 행하다니!
당장 저 죄인의 목을 베도록 하라!"

그런데 이차돈의 목을 벨 때 희한한 일이 벌어졌어.
베어진 목에서 하얀 젖이 높이 솟구치고
사방이 깜깜해지더니 하늘에서 꽃비가 내렸어.
마음이 너무 찢어지게 아파 내가 헛것을 본 것일까?

어찌 되었든 이차돈의 목숨값을 헛되이 할 수가 없잖아.
난 모든 귀족과 관리들에게 힘주어 명령을 내렸어.
"오늘부터 불교를 널리 퍼트리도록 하라!
내 명을 거역한 자들은 모조리 이차돈처럼 목을 베겠노라!"
"으으……. 왕의 뜻에 따르겠나이다."
귀족들과 관리들도 이차돈의 죽음을 보았으니
내 뜻에 따를 수밖에 없었겠지.

난 당당하게 백성 앞에 섰어.
백성들에게 내 뜻을 펼칠 수 있게 된 거야.
"이제 우리 신라는 부처님의 나라이다.
부처님을 믿고 나를 따르면 반드시 강한 나라가 될 것이다."
백성들은 내 말을 믿고 부처님을 받아들이기 시작했어.
그리고 하나같이 두 손을 모으며 입을 모았지.
"왕의 미소가 부처님의 인자한 미소와 똑 닮았어!"

나는 병부와 율령을 만들고, 불교도 널리 퍼뜨려
백성들의 마음까지도 한데 모으는 데 성공했어.
이 정도면 강력한 왕이 되었을까?
아, 아니야, 아무래도 아직 아닌 것 같아.
왕인 내가 모든 것을 결정하고, 명령을 내릴 수 없잖아.
왜냐고? 화백 회의가 있거든.

화백 회의는 나라의 중요한 일을 결정할 때,
왕인 나와 귀족 대표들이 모여서 하는 회의를 말해.
회의에서 모두 찬성해야만 무슨 일이든 할 수 있지.
내가 화백 회의의 대표였는데
그 대표 자리를 내려놓기로 했어.

"내가 화백 회의의 대표를 안 하는 대신
상대등이라는 벼슬자리를 하나 만들었소."
"임금님, 상대등이 무엇이옵니까?"
"화백 회의 구성원의 우두머리라는 뜻이오.
그러니 앞으로는 상대등이 회의를 맡아 진행하시오."
난 그 뒤로 화백 회의에 참석하지 않았어.
다만 회의 결과를 꼬박꼬박 보고를 받았지.
물론 최종 결정은 내가 내려 주었고 말이야.

어때?
이 정도면 신라가
백성들의 마음을 모아
쑥쑥 큰 거 같지 않아?
그런데 말이야,
신라의 힘이 점점 강해지니까
놀라운 일이 벌어졌어.
여태 꼼짝 않던 금관가야의 구해왕이
스스로 자기 나라를 신라에 바치겠다는 거야.
덕분에 신라의 영토가 낙동강 유역까지 넓어졌지.

아, 먼 길을 쉴 새 없이 달려왔구나!
우리 신라도 불교 아래 똘똘 뭉쳐 앞으로 나아가겠지.
내 뒤를 이은 조카 진흥왕이 있으니까 말이야.
진흥왕이 반드시 고구려와 백제를 꺾을 수 있는
강력한 신라를 만들 거라고 난 믿어.
나는 죽는 날까지 부처님께 불공을 드리며 살 거야.
신라의 안녕과 번영을 위해!

3. 한강을 차지해 국토를 넓혀라

내가 진흥왕이 되었을 때는
내 나이 겨우 일곱 살!
　　한창 어리광을 부릴 나이에
왕이 되어 몹시 어리둥절했었지.
그래서 얼마 동안은 나의 어머니,
　지소부인의 도움을 받아 나라를 다스려야 했어.
　그렇다고 날 얕잡아 보면 안 돼.
큰코다칠 일이 생길 테니까 말이야.

훌륭한 왕이 되려면 어떻게 해야 할까?
부처의 뜻을 따르는 게 우선이겠지? 당연히 공부는 필수고.
그래도 무엇보다 가장 중요한 것은 이웃 나라를 잘 살피기!
신라 옆쪽에는 백제, 위쪽에는 고구려가 떡 버티고 있잖아.
그런데 아무래도 고구려는 안원왕이 죽은 후,
상황이 좀 복잡해 보이네.
'누가 왕이 되느냐?'로 귀족끼리는 서로 싸우고 있고,
북쪽의 돌궐은 자꾸 고구려를 쳐들어간단 말이야.
백제 역시 고구려 땅을 차지하려고 기회만 노리고 있어.
내가 철딱서니 없는 어린애 같지만
이런 사정을 살피면서 기회를 엿보고 있단 말이지.
어떤 기회냐고? 고구려와 백제를 누르고,
아무도 넘보지 못할 강력한 신라를 만들 기회!

내가 열다섯 살이 되었을 때야.
어느 날, 고구려 양원왕이 말갈 군사와 함께
백제의 독산성을 공격했다는 소식이 들렸어.
다급해진 백제는 우리에게 도와 달라고 외쳤지.
고구려가 어떤 나라야,
한반도에서 가장 힘이 센 나라잖아.

그래서 고구려가 남쪽으로 내려오는 것을 막기 위해
오래전부터 신라와 백제는 손을 맞잡고 있었거든.
난 따져 볼 생각도 없이 당장 군사 3천 명을 보내 주었지.
고구려는 당황한 나머지 꽁지 빠지게 줄행랑을 쳤어.

고구려는 백제의 금현성을 빼앗았어.
이렇게 서로 뺏고, 뺏기는 전쟁을 하며
백제와 고구려는 점점 지쳐 갔지.

그래! 신라가 당당히 앞으로 나설 때가 됐어!
난 은밀히 전쟁 경험이 풍부한 대장군 이사부를 불렀어.

"금현성과 도살성을 차지해 신라의 힘을 보여 주고 오시오."
이사부 장군은 입을 떡 벌리고는 고개를 저으며 말했어.
"그건 불가능한 일이옵니다."
"두 나라가 싸우느라 기운이 빠져 있는 지금이 절호의 기회요!"
나의 설득에 이사부 장군은 고개를 숙였어.
"목숨을 걸고 싸우겠습니다."
이사부 장군은 돌풍처럼 금현성과 도살성을 쓸어버렸어.
보라고, 내가 뭐랬어? 우리 신라에 불가능이란 없다고!

근데 백제 성왕이 불같이 화를 냈다지 뭐야.
서로 형제처럼 지내기로 약속해 놓고 백제를 공격했다는 거지.
하지만 기죽을 내가 아니잖아?
난 벌써 어엿한 청년이 되었단 말이야.
더욱이 신라는 동남쪽 구석에 있던 작은 나라가 아니잖아.
이젠 고구려, 백제와 어깨를 겨룰 만큼 강해졌다고!
난 할아버지뻘인 백제의 성왕을 설득했어.
"신라는 언제든 백제 편이니 서로 힘을 합칩시다."

마침, 북쪽 돌궐이 고구려를 쳐들어왔대.

난 이때다 싶었지. 고구려가 돌궐 때문에 정신이 팔려 있는 틈에 한강 유역을 공격하자고 백제의 성왕에게 제의했어.

결국 우리는 고구려의 한강 유역을 빼앗았지.

신라와 백제는 사이좋게 한강 유역을 나누어 가졌어.
백제는 고구려에 빼앗겼던 백제 땅을 찾게 되어 기뻤고,
우리는 처음으로 한강 지역을 갖게 되어 기뻤지.

하지만 여기서 만족할 내가 아니잖아?
나는 다시 거칠부 장군을 불렀어.
거칠부는 이사부 장군만큼이나 용맹한 장군이야.
"장군, 한강을 모두 신라의 땅으로 만듭시다!"
"배신자라는 욕을 들으셔도 괜찮겠습니까?"
"신라를 위해서라면 배신자란 욕 따윈 창피하지 않소.
나라는 필요에 따라 손을 잡기도, 손을 놓기도 하는 법이오.
지금 당장 백제를 치고 한강을 모조리 빼앗도록 하시오!"
"명령을 받들겠습니다!"
거칠부는 군사를 이끌고 달려가 백제를 물리쳤어.
"아! 기름진 한강 유역 전체가 우리 땅이라니, 꿈만 같구나!"

기쁨도 잠시…….
백제 성왕의 아들인 위덕 태자가 직접 군대를 이끌고
신라의 관산성까지 공격해 왔어.

관산성은 신라 영토 깊숙이 들어올 수 있는 길목이야.
그러니 백제에 관산성을 절대 내줄 수 없지.
신라는 백제와 용맹하게 싸우며 버티고 있었는데!

나는 황급히 한강 유역에 있는 김무력 장군을 불러들였어.

내 명을 받은 김무력 장군은 성왕을 공격해 목숨을 빼앗았어.
이 전쟁으로 백제는 성왕도 잃고, 3만 가까운 병사들도 잃었지.
반대로 신라 병사들의 사기는 하늘을 찔렀어.

백제의 기세를 꺾고 한강을 완전히 차지하게 되었으니
우리 신라도 중국과 직접 교류할 수 있는 바닷길이 열린 거야.
난 감격의 눈물을 흘리며 북한산에 올랐어.
한강이 내려다보이는 곳에 순수비를 세웠지.
신라의 땅임을 널리 알려야 하잖아.

나는 한강 지역에 사는 백제의 백성들에게는
신라에 충성하면 벼슬도 내리고 후한 상도 내리겠다고 했어.
그랬더니 모두 기뻐하며 나의 충직한 백성이 되었지.
이제 기름진 평야와 수많은 백성을 가진 나라가 되었으니,
어느 나라가 함부로 신라를 넘보겠어?

강한 신라의 왕, 나 진흥왕은 티끌만큼의 두려움도 없었어.
그래서 이사부 장군에게 대가야 정복을 명령했지.
"백제를 도운 대가야를 당장 치도록 하라!"
이사부 장군은 대가야는 물론 가야국 전체를 신라로 만들었어.

난 여기에서 멈추지 않고 신하들에게 말했지.
"북쪽으로도 우리의 영토를 넓혀야겠소.
바로 지금이 권력 다툼으로 정신이 없는 고구려를 칠 때요."
신라군은 동해를 따라 올라가 고구려의 땅,
너희가 알고 있는 함경도 지역까지 차지해 버렸어.

신라의 땅이 옛날보다 3배나 넘게 커졌지 뭐야.
오로지 신라가 잘살고, 강한 나라가 되길 꿈꾸며
황소처럼 몰아붙인 나 진흥왕의 업적이라고!

일곱 살에 왕이 되었을 땐 정말 막막했었지.
하지만 난! 결코 주눅 들지 않았어!
저 넓어진 신라의 영토를 봐 봐.
정말 뿌듯하지 않니?
난 거칠부에게 신라가 걸어온 역사를 기록하게 했어.
신라는 결코 꼴찌 나라가 아니며,
큰 나라로 성장했다는 것을 알려 주고 싶었거든.
누가 내게 마지막 꿈을 묻는다면,
"반드시 신라가 삼국을 통일하면 좋겠소."라고 대답하겠어.
그리고 그건 가능한 일이야.
왜냐? 신라에는 용맹하고 믿음직한 화랑도가 있으니 말이야!

4 삼국을 통일해서 우뚝 서라

나 김유신, 오랫동안 큰 꿈을 꿔 왔어.
꼴찌였던 신라가 삼국을 통일하는 것!
백제는 이미 신라에 항복했고.
바로 오늘, 신라가 당나라와 함께 고구려를 공격하는 날이야.
그런데 내 나이가 벌써 일흔네 살이네.
늙고 병이 들어 몸이 성한 데가 없어.
이 중요한 날, 전쟁터에 못 나가니
가슴이 미어져 눈물이 앞을 가려.
열다섯 살에 화랑이 되어
신라의 최고 장수가 된 지금까지
온통 전쟁을 치르며 살아왔던 날들이 떠오르는구나.

신라에는 원래부터 왕족이나 귀족 젊은이들을
중심으로 모인 모임이 많았어.
"신라에 큰 힘이 되려면 모임을 하나로 모아야 해."
진흥왕은 청소년 모임, '화랑도'를 만들어 나라에서 관리했어.
화랑도에는 지도자인 화랑이 있고, 그 밑에 낭도가 있어.
한 명의 화랑을 수십 명, 많게는 수백 명의 낭도가 따르지.
진골 귀족 청소년 중에는 화랑을 꿈꾸는 사람이 많아.
하지만 누구나 화랑이 될 수 있는 게 아니야.
나, 김유신처럼 용맹하고 재능이 빼어나야 했지.
나를 따르는 낭도들도 무수히 많았단다.
우린 가족보다 끈끈하게 맺어진 형제이자 친구였어.
화랑과 낭도들은 훌륭한 스승을 찾아가 공부도 하고,
노래와 춤 그리고 무예도 배우고 익혔지.
틈틈이 아름다운 산과 강을 유람하며 몸과 마음을 단련했어.
전쟁이 터지면 목숨을 바쳐 신라를 위해 싸우고 말이야.

사다함은 끝까지 고집을 피웠다네.
진흥왕은 어쩔 수 없이 전쟁터에 나가는 것을 허락했지.
대가야는 성문을 꽁꽁 닫고 화살을 쏘아 댔어.
사다함은 신라 병사들을 이끌고
성문으로 거침없이 달려가 흰 깃발을 꽂았대.
"으악! 뭐, 뭐가 어떻게 된 거지?"
"흰 깃발이라니, 우리 대가야가 항복했나?"
대가야 병사들은 어쩔 줄 몰라 했고,
이사부 장군이 군사를 이끌고 성문에 다다랐을 때는
대가야 병사들이 앞다퉈 항복하느라 난리였대!

진흥왕은 무척 기뻐하며 사다함에게
대가야 백성들을 노비로 주고, 많은 땅도 주었어.
그런데 사다함은 노비들을 죄다 풀어 주고,
땅도 병사들에게 골고루 나눠 주었다네.
쓸모없는 땅만 예의로 조금 받았다지 뭐야.
그런데 열일곱 살에 뜻밖의 일이 벌어졌어.
친한 친구가 죽자, 사다함은 몇 날 며칠을 통곡하다
그만 세상을 떠나고 말았거든.
신라 사람들은 사다함의 죽음을 두고두고 슬퍼했지.

화랑도의 활약을 얘기하자면 끝이 없어.
진평왕 때 귀산과 추항이라는 화랑도 청년이 있었는데
둘은 중국에서 돌아온 원광 법사를 찾아갔대.
"저희 화랑도들이 믿고 따라야 할 덕목을 알려 주십시오."
"그건 세속 오계입니다!"
원광 법사는 세속 오계에 대해 자세히 설명해 주었지.
"명심하겠습니다!"
귀산과 추항은 세속 오계를 죽을 때까지 지키기로 했대.

어느 날, 백제가 신라의 아막성을 공격해 왔어.
신라와 백제의 싸움은 쉽게 끝나지 않았지.
"하나뿐인 목숨, 신라를 위해 바치자!"
귀산과 추항이 적진으로 돌진해 들어갔대.
'전쟁에 나가면 물러서지 않는다.'는 세속 오계를 따른 거지.
둘은 비록 목숨을 잃었지만 백제에 큰 피해를 입혔어.
이에 신라 병사들은 큰 힘을 얻어
백제에 승리할 수 있었지.

귀산과 추항처럼 나에게도
서로 믿고 의지하는 친구가 있어.
바로 김춘추야!
내 누이동생의 남편이기도 하지.
사실 김춘추는 왕족 신분인 진골이야.
왕족 신분에는 성골과 진골이 있는데
성골만 왕이 될 자격이 있었어.

그런데 마지막 성골인 진덕 여왕이 죽자
김춘추가 왕의 자리에 올랐어.
바로 최초의 진골 출신, 태종 무열왕이야!
무열왕과 나는 굳게 맹세했어.
고구려와 백제를 무너뜨리고
우리가 반드시 삼국을 통일하자고!

드디어 우리에게도 백제를 칠 수 있는 기회가 왔어.
중국 당나라가 백제를 칠 때 군대를 보내 주겠다는 거야.
옳거니! 난 병사들을 이끌고 백제의 황산벌로 갔어.

그런데 백제에는 용맹하다고 소문난 계백 장군이 있었어.
계백 장군은 최고의 부대를 이끌고 황산벌로 왔지.
신라와 백제의 황산벌 전투는 치열했어.
그런데 너무나 안타깝게도 신라가 백제에 지고, 또 지고, 또 졌어.

신라의 품일 장군은
화랑인 아들 관창에게
명령을 내렸어.
열여섯 살이었던 관창에게
혼자 말을 타고 적진으로 뛰어들라고 말이야.
나는 말리고 싶은 마음이 굴뚝같았지만 말릴 수 없었어.
적진에 뛰어든 관창은 금방 백제군에 사로잡히고 말았지.
"너무 어리구나, 당장 돌려보내도록 하라!"
어쩔 수 없이 되돌아온 관창은 다시 적진으로 달려가며 외쳤어.
"계백은 나와서 당장 내 칼을 받아라!"
계백 장군은 관창을 더는 살려 둘 수가 없었겠지.

계백 장군은 죽은 관창을 말에 묶어 우리 쪽에 돌려보냈어.
품일 장군은 죽은 아들을 붙잡고 울부짖었지.
"내 아들의 얼굴이 살아 있는 것 같구나!
왕을 위하여 죽을 수 있었으니 영광이로다!"

나와 신라군은 관창의 죽음을 보며 분통을 터트렸어.
"관창의 원수를 갚자! 백제를 무찌르자!"
신라군은 북을 치고 고함을 지르며 죽을 각오로 진격했어.
신라 병사들의 함성이 땅과 하늘을 흔들었고,
백제 계백 장군과 병사들은 낙엽처럼 쓰러져 흩어졌지.
우리 신라가 황산벌 전투에서 승리한 거야.

나는 다시 칼을 높이 치켜들고 소리쳤지.
"백제의 사비성으로 진격하라!"
신라군과 당나라군은 사비성을 함께 공격해 함락시켰고,
결국 백제 의자왕은 항복하고 말았지.

"와아아! 백제 의자왕이 항복했다!"
"만세! 우리가 백제를 이겼다!"
수백 년 신라를 괴롭히던 백제를 이렇게 무너뜨린 거야.
싸움에서 물러서지 말라는 화랑정신!
화랑정신을 지킨 화랑들 덕에 신라가 이길 수 있었던 거지.

이번엔 고구려를 쓰러뜨릴 차례!
신라와 당나라는 끊임없이 고구려를 공격했어.
하지만 고구려는 쉽게 무너지지 않았지.
700여 년을 이어 온 강대국다웠어.
그때, 귀가 번쩍 뜨이는 소식이 들려왔어.
"고구려를 쥐고 흔들던 천하의 연개소문이 죽었답니다!"
"아들들이 권력 다툼을 벌이느라 고구려가 어수선하답니다."
이런 절호의 기회를 절대 놓칠 순 없었지!
다시 한번 당나라와 함께 고구려를 공격하기로 했어.
당나라군은 북쪽에서 내려오면서 고구려 성들을 함락시켰어.
드디어 신라가 고구려 평양성을 총공격하러 가는 순간!
북쪽에서 당나라군이, 남쪽에서 신라군이 공격했지.
제아무리 강한 고구려라도 막을 방법이 없었을 거야.

드디어 강철 같았던 고구려가 무릎을 꿇었어.
"만세! 삼국을 통일했다!"
"신라 만세!"
모든 병사가 목 놓아 울며 소리쳤어.
흑흑, 나도 이 순간을 함께하고 싶었는데…….
내가 아프지만 않았어도…….

난 고개를 들어 하늘을 올려다봤어.
감격의 눈물을 흘릴 얼굴들이 떠올랐지.
꼴찌였던 신라가 고구려와 백제를 물리치고,
그토록 바라고 바랐던 삼국 통일을 이룩했으니 말이야.
비록 당나라의 힘을 빌리기는 했지만.
신라가 반드시 진정한 삼국 통일을 이룩할 거라고 믿어.

재미만만 한국사
신라
역사는 흐른다

신라 건국.
기원전 57년

고구려 건국.
기원전 37년

백제 건국.
기원전 18년

법흥왕, 불교를 인정함.
527년

법흥왕, 금관가야 정복.
잘 생각했다!
금관가야
532년

진흥왕, 한강 유역을 차지함.
553년

당나라와 신라, 군사 동맹 맺음.
648년

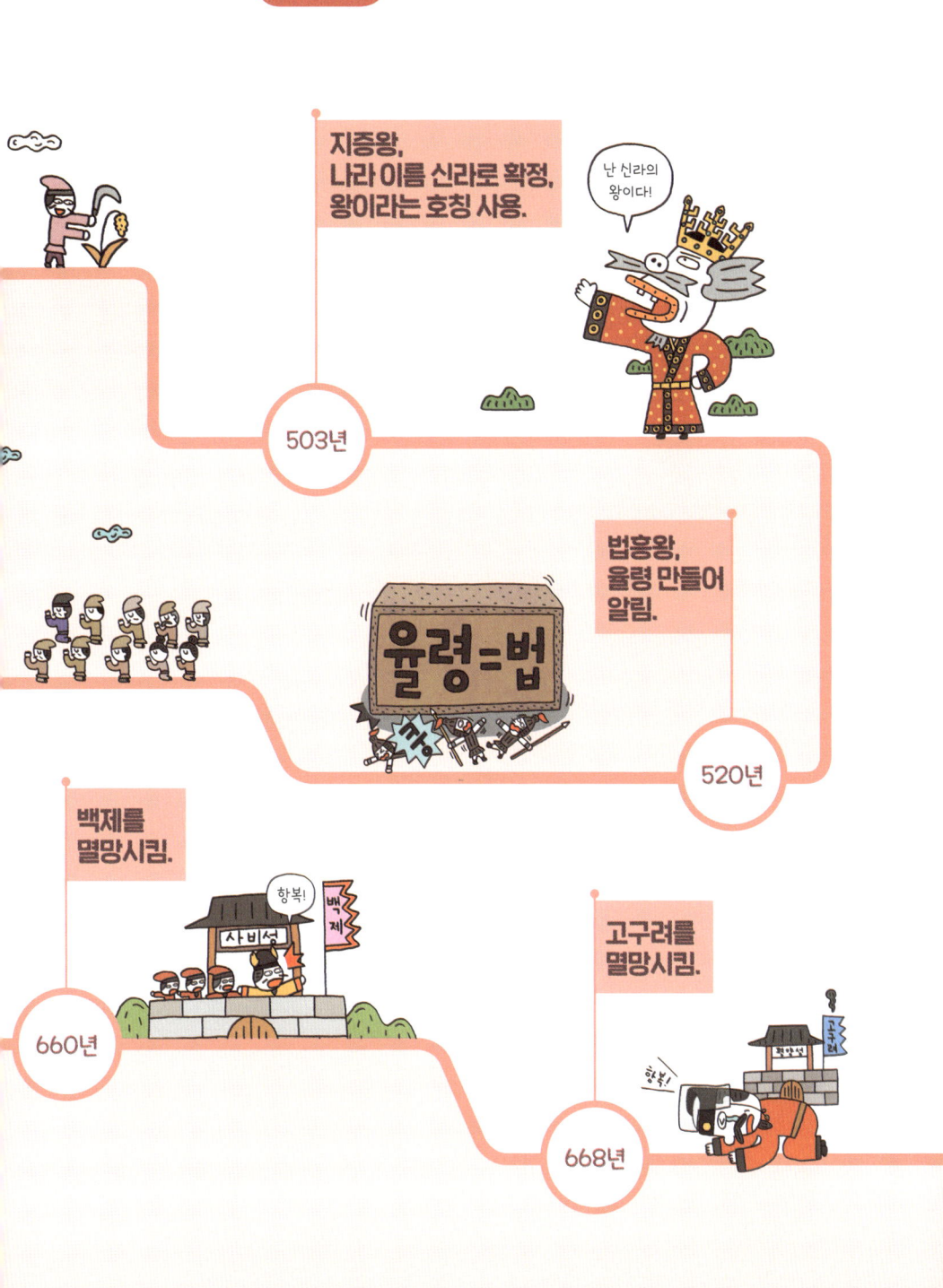

글 김해등

비금도에서 태어나 대대로 소금 장수 집안에서 자랐습니다. 소금 장수가 되는 것이 꿈이었으나 제1회 웅진주니어 문학상을 받으며 작가의 길을 걷게 됐습니다. 대산대학 문학상, MBC 창작동화 대상, 정채봉 문학상 대상을 받았습니다. 쓴 책으로는 『전교 네 명 머시기가 간다』, 『흥부전』, 『별명폭탄 슛!』, 『나비 부자』, 『도도한 씨의 도도한 책빵』, 『아홉 시, 댕댕시계가 울리면』 등이 있습니다.

그림 신동민

서울과학기술대학교, 청강문화산업대, 공주대 등에서 만화창작과 캐릭터를 강의했으며, 서울국제만화전, 현대미술대전, 서울국제만화페스티벌 등에서 입상했습니다. 쓰고 그린 책으로는 『똥카페』가 있고, 그린 책으로는 『우리는 고사성어 탐정단』, 『최태성의 한국사 수호대 1~7』, 『최태성 한국사 수업』, 『과학을 타자! 놀이기구』 등이 있습니다.

감수 하일식

연세대학교 사학과를 졸업하고, 같은 학교 대학원에서 고대사를 연구하여 박사 학위를 받았습니다. 현재 연세대학교 사학과 교수로 학생들을 가르치고 있습니다. 쓴 책으로는 『신라 집권 관료제 연구』, 『경주 역사 기행』, 『한국 고대사 산책』(공저), 『고려시대 사람들의 삶과 생각』(공저) 등이 있습니다.